Geschwister-Scholl-Str. 11
15537 Gosen-Neu Zittau
www.troetsch.de
E-Mail: info@troetsch.de

Originalausgabe:

Illustrationen: Miguel A. Rodríguez Cerro

DAS

großartige Buch der Dinosaurier

INHALT

Die berühmtesten Dinosaurier:

DINOSAURIER DER TRIAS

DINOSAURIER DES JURA

DINOSAURIER DER KREIDE

Wer waren die Dinosaurier?

Das herausragende Merkmal der Dinosaurier war nicht etwa ihre Größe, denn es gab sowohl große als auch sehr kleine Arten. Es war auch nicht ihre Lebensweise, schließlich gab es Pflanzenfresser und auch Fleischfresser. Wirklich bemerkenswert war, dass ihre Beine senkrecht unter dem Körper standen – eine Besonderheit, welche sie mit den heutigen Vögeln teilen. Krokodile hingegen, die ihnen zwar äußerlich ähneln, haben ihre Beine an den Seiten des Körpers.
Die Dinosaurier existierten fast 180 Millionen Jahre lang – wir modernen Menschen hingegen bevölkern die Erde erst seit etwa 300.000 Jahren. So wie heute gab es auch damals noch unzählige andere Tierarten wie Vögel, Fische, Insekten und sogar erste Säugetiere.

Auch Dinosaurier hatten Zähne – die der Fleischfresser waren sogar besonders spitz und scharf. Viele Arten hatten zudem scharfe Krallen, um Jagdbeute festhalten zu können. Einige erinnern wegen ihrer Federn an heutige Vögel und wieder andere hatten knöcherne Platten an Kopf und Rücken, mit denen sie ihre Körpertemperatur regulierten oder sich schützten. Ähnlich wie bei Reptilien war bei den meisten Dinos die Haut von Schuppen bedeckt.

GAUMEN: Dinosaurier verfügten über zwei Gaumen, wodurch sie gleichzeitig atmen und schlucken konnten. Sie konnten sich also niemals verschlucken.

FARBE: Leider ist es kaum möglich, von Fossilien auf die Farbe der Dinosaurier zu schließen. Es spricht aber viel dafür, dass die Tierwelt damals wie heute gleichermaßen bunt und an ihren Lebensraum angepasst war.

DER KOPF: Einige Arten wie der Parasaurolophus trugen stolz einen Kamm zur Schau, andere wie der Triceratops hatten lange Hörner und wieder andere wie der Pachycephalosaurus hatten einen kuppelförmig verdickten Schädel, der an einen Schutzhelm erinnert.

Herrerasaurus

„Herreras Echse“

In den 1960er Jahren entdeckte der argentinische Bauer Victorino Herrera auf seiner Farm in Patagonien das Fossil eines Dinosauriers. Bei der folgenden Untersuchung stellte sich heraus, dass es sich um einen sehr ursprünglichen, noch unbekannten Fleischfresser handelte, der ebenso alt war wie der kleinere Eoraptor. Zu Ehren seines Entdeckers trägt diese Art bis heute dessen Namen.

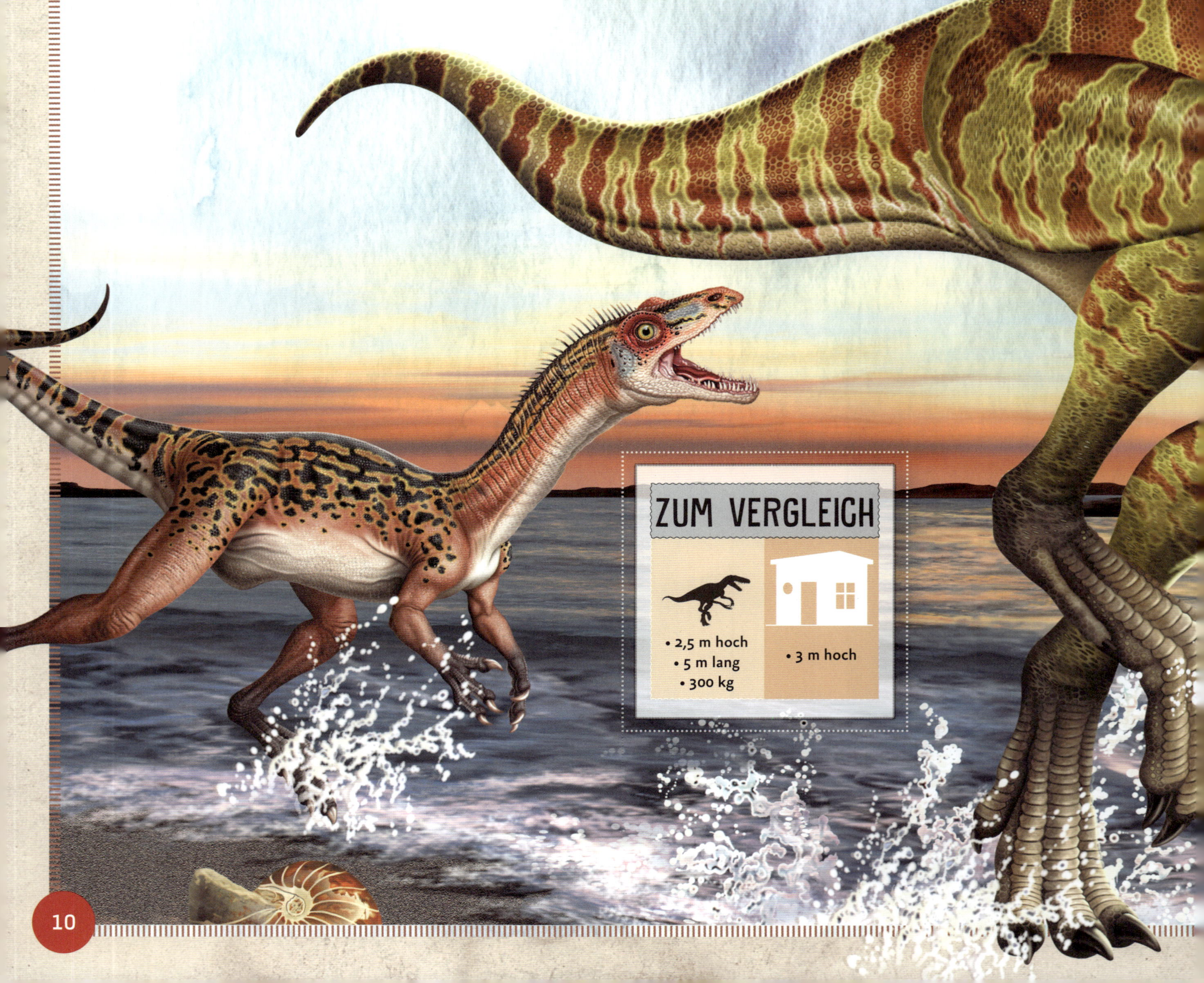

Er gilt als erster größerer Raubsaurier der Erdgeschichte. Zu seiner Zeit waren die Dinosaurier zumeist noch klein, deshalb muss der große Herrerasaurus auf sie so eindrucksvoll gewirkt haben, wie heutzutage ein Tyrannosaurus-Skelett auf uns Menschen.

Der größte Herrerasaurus war bis zu 5 Meter lang, 2,5 Meter hoch und erreichte ein Gewicht von bis zu 300 Kilogramm.

Eoraptor

„Jäger der Morgenröte“

Er lebte vor etwa 228 Millionen Jahren im Nordwesten des heutigen Argentiniens. Dieser zweibeinige Geselle war nur etwa 30 Zentimeter hoch und wog nicht mehr als 9 Kilogramm. Er jagte Eidechsen, Insekten oder kleine Säugetiere, die er dank seiner flinken Beine mühelos erbeuten konnte.

Es war einmal ein prähistorisches Tier, das einem Dinosaurier schon sehr ähnelte. Eines schönen Tages legte es ein Ei und daraus schlüpfte ein Tier, das plötzlich alle Merkmale der Dinosaurier aufwies. Leider wissen wir noch immer nicht sicher, um welche Art es sich dabei genau handelte. Paläontologen gehen aber davon aus, dass dieser Urgroßvater aller Dinosaurier der Eoraptor war.

Die Größe eines Dinosauriers entschied auch über seine Verteidigungsmöglichkeiten, denn um zu überleben, mussten Dinosaurier Angriffen trotzen können. Der Eoraptor war zwar klein, aber dafür flink, weshalb er schnell flüchten konnte.

Im Gegensatz zu primitiven Reptilien krochen Dinosaurier nicht über den Boden, sondern liefen dank der senkrecht unter dem Körper stehenden Beine aufrecht umher.

ZUM VERGLEICH

Eoraptor	Hund
• 30 cm hoch • 1 m lang • 9 kg	• 50 cm hoch • 25 kg

Plateosaurus

„Breitweg-Echse"

Er war der erste pflanzenfressende Dinosaurier, der sich auch von hoch hängenden Blättern ernährte. Seine Fähigkeit, sowohl auf vier als auch auf zwei Beinen zu laufen, ermöglichte es ihm, seine Nahrung am Boden und in den Bäumen zu finden. Mit einer Größe von 5 bis 8 Meter gilt er als der erste große Pflanzenfresser.

Die Hände mit ihren kräftigen Fingern und der Klaue am Daumen waren ideal geeignet, um Blätter zu greifen oder sich zu verteidigen.

Das Geheimnis des aufrechten Ganges

Die Familie, zu welcher der Plateosaurus zählt, verfügte erstmals über einen Knochenfortsatz am Oberschenkelknochen, mit dessen Hilfe die Muskeln den Körper beim Laufen auf zwei Beinen in einer aufrechten Position halten konnten.

Der lange, biegsame Hals trug einen im Vergleich zum Körper geradezu winzigen Kopf.

Coelophysis

„Hohle Gestalt“

Der Coelophysis ist einer der ältesten und bekanntesten Dinosaurier aus der Trias. Er war sehr schlank, wurde bis zu 3 Meter lang und erreichte eine Höhe von etwa 1 Meter. Beine, Hals und Schwanz waren sehr lang – der Schwanz konnte sogar die Hälfte der Körperlänge betragen. Zumeist lief er auf vier Beinen, zum schnellen Laufen und zum Angriff konnte er sich aber auch auf zwei Beine aufrichten.

Er gilt als der erste Dinosaurier, bei dem die vorn liegenden Schlüsselbeine wie bei heutigen Vögeln miteinander verwachsen sind. Dieser „Gabelbein“ genannte Knochen wird in manchen Kulturen auch als Wunschknochen bezeichnet. Wenn nämlich zwei Personen daran ziehen, zerbricht er immer in zwei ungleich große Teile – es heißt, dass derjenige, der das größere Stück erhält, seinen Wunsch erfüllt bekommt.

ZUM VERGLEICH

Coelophysis	Mensch
• 1 m hoch • 2,5–3 m lang • 10–20 kg	• 1,70 m hoch • 80 kg

Dank hohler Knochen und Hohlräume in seinem schlanken Schädel verfügte er über ein außerordentlich leichtes Skelett, was ihn zusammen mit seinen kräftigen Hinterbeinen und den langen Krallen zu einem wendigen Jäger machte.

Die besondere Konstruktion seines Kiefers erlaubte es dem Coelophysis, seine Beute ohne großen Aufwand zu zerteilen. Er kaute nicht einfach nur, sondern zerriss sie auch gleichzeitig.

Ein flinker Jäger

Der Coelophysis war ein Fleischfresser. Mit den drei scharfen Krallen an seinen Vorderfüßen konnte er prima seine Beute packen.

Dilophosaurus

„Zweikammechse"

Er war einer der ersten großen Fleischfresser des Jura. Die markanten beiden Knochenkämme am Kopf waren wahrscheinlich gefärbt und dienten der Partnersuche. Er erreichte eine Länge von bis zu 6 Meter und ein Gewicht von 500 Kilogramm. Sein großer Kopf wurde von einem muskulösen Hals getragen.

- Der Dilophosaurus war wendig und schnell. Mit Vorliebe jagte er kleine pflanzenfressende Dinosaurier. Zu seinen Lebzeiten von der späten Trias bis zum frühen Jura zog sich sein Verbreitungsgebiet über das gesamte heutige Nordamerika.

- Es wird angenommen, dass er aufrecht auf seinen Hinterbeinen lief, da seine Vorderbeine nur sehr kurz und wenig muskulös waren.

Mehr Schein als Sein?

Trotz seiner furchteinflößenden Erscheinung ist es möglich, dass der Dilophosaurus in Wirklichkeit gar kein Räuber war, denn sein Kiefer war schmal und nicht sehr kräftig. Möglicherweise ernährte er sich nur von toten Tieren.

Heterodontosaurus

„Echse mit verschiedenartigen Zähnen"

Dieser grazile Pflanzenfresser besaß bewegliche Handgelenke, wodurch er seine Hände zum Greifen nutzen konnte. Er wog zwischen 2 und 10 Kilogramm und bewohnte trockene, steppenartige Landschaften.

An seinen Füßen hatte er 3 nach vorn zeigende Zehen und eine nach hinten abgewinkelte Zehe, dank der er im Stand das Gleichgewicht halten konnte.

Die meisten Dinosaurier besaßen nur einen Typ Zähne – der Heterodontosaurus hingegen hatte mit Schneidezähnen, Eckzähnen und Backenzähnen gleich 3 verschiedene Typen zu bieten, was ihm auch seinen Namen einbrachte.

ZUM VERGLEICH
• 1 m hoch
• 10 kg
• 50 cm hoch
• 25 kg

Megalosaurus

„Große Echse"

Dieser Dino war alles andere als klein. Die in England ausgegrabenen Überreste zeugen von einem auf zwei Beinen laufenden Monster von der Größe eines Busses. Mit seinem Maul voller scharfer Sägezähne muss er ein furchteinflößender Anblick gewesen sein!

Obwohl seine Größe und Wildheit es ihm erlaubte, selbst riesige Sauropoden anzugreifen, stand auch Aas auf seinem Speiseplan. Aber wen wundert's, dass er alles verschlang, was er finden konnte, schließlich brauchte er enorm viel Energie, um seinen massigen Körper aufrecht zu halten.

ZUM VERGLEICH

Megalosaurus	Elefant
• 3 m hoch • 9 m lang • 1.000 kg	• 3 m hoch • 5 m lang • 4.000 kg

Er war der erste wissenschaftlich beschriebene Dinosaurier überhaupt: Schon im Jahr 1676 wurden einzelne Knochenteile in der Nähe von Oxford entdeckt. Diese brachte man dem Gelehrten Robert Plot zur Untersuchung und schnell stand fest, dass solch große Knochen zu keiner bisher bekannten Spezies gehören konnten. Dies konnte nur bedeuten, dass sie einem Riesen gehören mussten! Heute wissen wir, dass es sich um den Oberschenkelknochen eines Megalosaurus handelte.

War es ein Ungeheuer?

Als im 19. Jahrhundert weitere Megalosaurus-Fossilien entdeckt wurden, versuchte man sich an den ersten detaillierten Beschreibungen. Das damals noch ungenaue Wissen führte zu mancher Fehlannahme und so glaubten Paläontologen zunächst, dass sie es mit einem vierbeinigen Ungeheuer mit riesigem Kopf zu tun hatten.

Riesige Sauropoden

„Echsenfuß“

Gegen Ende des Jura erlebte eine Art Dinosaurier einen besonderen Wachstumsschub: die Sauropoden. Sie waren riesige Pflanzenfresser mit massigen Körpern, langen Hälsen, kleinen Köpfen und kräftigen Schwänzen. Die größten konnten eine Länge von über 30 Meter erreichen! Heutzutage existiert nur noch eine Tierart mit ähnlichen Ausmaßen, und zwar der Blauwal. Er kann bis zu 30 Meter lang und 150 Tonnen schwer werden.

Die Sauropoden verschlangen abgerissene Blätter immer im Ganzen, denn sie besaßen keine Backenzähne, um ihre Nahrung zu zerkauen. Die Zerkleinerung übernahm stattdessen ihr besonders langer Darm.

Die ersten Sauropoden hatten noch Hände, die sie zum Greifen benutzen konnten. Mit zunehmender Größe entwickelten sich diese jedoch zu starken, säulenartigen Beinen, um die enorme Last des Dino-Körpers besser tragen zu können. Weiche, federnde Polster an ihren Füßen fingen das Gewicht auf und erlaubten kraftsparendes Gehen. Ihr Fußabdruck war rund und konnte bis zu 1 Meter Durchmesser betragen.

Sauropoden wie der Brachiosaurus wurden fälschlicherweise lange Zeit in Seen und in Flüssen stehend abgebildet. Inzwischen gehen wir davon aus, dass sie nur wenig Zeit im Wasser verbrachten, denn mit ihren im Vergleich zum Körper recht dünnen Beinen wären sie tief im Schlamm versunken.

Kopf hoch, Dino!

Damit der lange Hals der Sauropoden nicht zu schwer wurde, verfügte er über besonders leichte, aber dennoch sehr belastbare Halswirbel. Andere Dino-Arten ohne derart spezialisierte Halswirbel hatten allesamt deutlich kürzere Hälse.

Allosaurus

„Andersartige Echse“

Der Allosaurus war lang wie zwei Autos und hoch wie ein Basketballkorb, wog aber nur „leichte“ 2,5 Tonnen. Das ebenso schwere indische Nashorn ist bei gleichem Gewicht nicht einmal halb so groß.

Der Allosaurus gehörte nicht zu den schnellsten Jägern, deshalb musste er gerissen sein, um Beute zu machen. Er hatte es wahrscheinlich vor allem auf kleinere, schwächere oder kranke Dinosaurier abgesehen.

Sein Name „Andersartige Echse“ mag ihn als einen Außenseiter erscheinen lassen, doch das täuscht. Dieser Fleischfresser ist nicht nur einer der berühmtesten Dinosaurier, seine Fossilien zählen auch zu den am häufigsten gefundenen, was ihn besonders für Dinosaurierexperten interessant macht.

Ein Anblick zum Fürchten!

Im Vergleich zu seinem Körper war der Kopf des Allosaurus wirklich auffällig groß. Sein Hals war äußerst beweglich und das furchteinflößende Maul besaß alles, was es brauchte, um als Räuber erfolgreich zu sein: große, enorm kräftige Kiefer sowie spitze und messerscharfe Sägezähne.

ZUM VERGLEICH

- 3 m hoch
- 9 m lang
- 2.500 kg

- 3 m hoch

Cryolophosaurus

„Gefrorene Kammechse"

Dieser zweibeinige Dinosaurier lebte vor rund 200 Millionen Jahren auf dem Gebiet der heutigen Antarktis. Er ist der älteste Vertreter seiner Familie und der erste Dino, der in der Antarktis gefunden und beschrieben wurde. Wegen seines markanten Kamms wird er auch Elvisaurus genannt.

Der seltsam anmutende Kamm des Cryolophosaurus verläuft ungewöhnlicherweise nicht längs, sondern quer über den Kopf und diente wahrscheinlich der Partnersuche.

ZUM VERGLEICH

• 2,5 m hoch • 6–7 m lang • 500 kg	• 1,7 m hoch • 80 kg

Apatosaurus

„Trügerische Echse"

Der Apatosaurus – auch Brontosaurus genannt – maß bis zum Kopf rund 4,5 Meter und erreichte eine Länge von bis zu 20 Meter, also mehr als 5 Autolängen. Trotz seines Gewichts von etwa 20 Tonnen konnte er sich auf seine Hinterbeine stellen, um höher gelegene Äste zu erreichen. Er war Pflanzenfresser und bewegte sich aufgrund seiner Größe nur sehr langsam. Um besser geschützt zu sein, lebte er in Herden.

Donnergrollen ohne Gewitter

Wenn sich dieser Riese in Bewegung setzte, müssen seine Schritte wie Donner durch die Jura-Prärie gehallt sein, schließlich wog er ungefähr so viel wie 26 Autos!

Der Apatosaurus hat die besondere Ehre, der erste Sauropode zu sein, von dem ein vollständiges Skelett in der Öffentlichkeit ausgestellt wurde. Als im Jahr 1975 erstmals ein Schädel des Apatosaurus entdeckt wurde, stellten sich alle bis dahin angefertigten Darstellungen dieses Dinos als falsch heraus. Sie hatten den Kopf eines seiner Zeitgenossen verwendet, der sich von ganz anderen Pflanzen ernährte.

ZUM VERGLEICH

Apatosaurus	Elefant
• 4,5 m hoch • 20 m lang • 38.000 kg	• 3 m hoch • 5 m lang • 4.000 kg

Ähnlich wie bei Elefanten liefen die Beine des Apatosaurus zu kurzen Zehen aus. Der lange, schlanke Schwanz, der einer Peitsche nicht unähnlich sah, war sogar länger als der des Diplodocus. Obwohl sich beide Dinosaurier sehr ähnlich sahen, brachte der Apatosaurus immerhin fast das dreifache Gewicht auf die Waage.

Brachiosaurus

„Armechse"

Dieser Koloss wog bis zu 35 Tonnen, war 25 Meter lang und 4 Stockwerke hoch. Mit seinem 12 Meter langen Superhals erreichte er mühelos jede Baumkrone und musste sich dazu noch nicht einmal auf die Hinterbeine stellen. Ähnlich wie Giraffen hatte der Brachiosaurus nicht nur einen auffällig langen Hals, sondern auch längere Vorderbeine.

Seinen Spitznamen „Armechse" verdankt er seinen ungewöhnlich langen Vorderbeinen, die seinem Entdecker sofort aufgefallen waren. Soweit bekannt, lebte er auf dem Gebiet der heutigen Kontinente Nordamerika, Asien und Afrika. Wie es sich wohl angefühlt haben mag, mit einer Herde dieser Giganten in der Nachbarschaft zu leben?

Auf der Iberischen Halbinsel wurden auch noch zwei weitere Dinosaurier der gleichen Familie entdeckt: in Portugal der Lusotitan und in der Nähe der spanischen Stadt Soria der Soriatitan. Sie alle lebten vor etwa 130 bis 150 Millionen Jahren.

ZUM VERGLEICH

• 26–30 m hoch • 25 m lang • bis 35.000 kg	• 13 m hoch

Ein großes Herz

Der Brachiosaurus muss ein enorm großes Herz gehabt haben, das in der Lage war, das Blut bis zu seinem hoch gelegenen Kopf zu pumpen. Wenn er nicht gerade Nahrung suchte, trug er seinen Kopf wahrscheinlich nicht aufgerichtet, um die Durchblutung zu erleichtern – vielleicht besaß er aber auch ein zweites Herz als Pumpe im Hals.

Diplodocus

„Doppelbalken"

Neben dem Brachiosaurus ist der Diplodocus der zweite bekannte Vertreter der Riesen-Dinosaurier. Seine Form ist so typisch Dino, dass sie jeder auf Anhieb zeichnen könnte: langer Hals, langer Schwanz, kompakter Körper und vier stämmige Beine. Mit bis zu 27 Meter Länge galt er lange Zeit als größter Dinosaurier. Die Vorderbeine waren etwas kürzer, wodurch seine Haltung waagerechter war als bei anderen Sauropoden.

Sein Name leitet sich von der Form seines speziellen Schwanzknochens ab. Der enorm lange Hals war nicht minder bemerkenswert und die starken Beine waren massiv wie Säulen. Im Vergleich zum Rest des Körpers fiel sein Kopf eher winzig aus. Der Schwanz des Diplodocus war ein komplexes Gebilde aus mehr als 80 Wirbeln. Er diente ihm nicht nur zum Halten des Gleichgewichts, sondern auch zur Verteidigung oder zum auf den Boden Trommeln.

Dieser eindrucksvolle Riesendino verbrachte die meiste Zeit des Tages mit der Nahrungssuche. Dabei entfernte er sich nie zu weit von seiner schützenden Herde. Er fraß Blätter und Früchte von Bäumen, aber auch Farne und bodennahe Pflanzen. Dank seines gelenkigen Halses konnte er ohne große Anstrengung den Boden nach den saftigsten Leckerbissen absuchen. Wegen seiner schieren Größe hatte er kaum Feinde – wurde er doch mal angegriffen, schlug er mit seinem spitzen Schwanzende zu wie mit einer Peitsche.

Hundert Wirbel

Vom Kopf bis zur Schwanzspitze besaß der Diplodocus um die 100 Wirbel. Einige davon waren geradezu riesig, denn sie mussten das gesamte Gewicht von Hals, Rumpf und Schwanz tragen.

Camarasaurus

„Gekammerte Echse"

Vor 159 bis 144 Millionen Jahren lebte noch ein weiterer Sauropode auf dem Gebiet des heutigen Nordamerika: der Camarasaurus. Aufgrund seines Gewichtes von 18 Tonnen konnte er sich nicht auf die Hinterbeine stellen, weshalb er eine waagerechte Haltung einnahm. Er war bis zu 20 Meter lang, doch sein Schwanz war kürzer und dicker als der des Diplodocus. Zur Abwehr von Angreifern besaß er scharfe Krallen an seinen Füßen.

ZUM VERGLEICH

- 9 m hoch
- 20 m lang
- 18.000 kg

- 3 m hoch

Zwar lebte er zur gleichen Zeit wie der Diplodocus und der Apatosaurus, doch Untersuchungen seines Schädels und seiner Zähne haben gezeigt, dass er nicht mit ihnen um Nahrung konkurrierte, denn er ernährte sich von anderen zäheren Pflanzen. Das harte Klima und die Nahrungsknappheit zwangen ihn dazu, viel herumzuziehen, um seinen täglichen Nahrungsbedarf von etwa einer halben Tonne Pflanzen decken zu können.

Der Gewichtstrick

Sein Name leitet sich von den typischen Hohlräumen oder Kammern ab, die sich zur Gewichtsersparnis in seinen Wirbeln finden. Viel schien es aber nicht zu helfen, denn er kam trotzdem noch auf ein Gewicht von gut 18 Tonnen.

Stegosaurus

„Dachechse"

Dieser pflanzenfressende Dinosaurier lebte vor 156 bis 144 Millionen Jahren auf dem Gebiet der heutigen USA und der Iberischen Halbinsel. Er hatte zwei Reihen abstehender Knochenplatten auf Rücken und Schwanz, denen er auch seinen Namen verdankt. Sein länglicher Körper war etwa 9 Meter lang und der Kopf eher klein. Vermutlich waren seine Sinne nicht sehr weit entwickelt, denn sein Gehirn war kaum größer als eine Walnuss.

Der Popstar

Der Stegosaurus ist einer der bekanntesten und beliebtesten Dinos, sogar in Filmen und Serien „spielte" er mit. Seine Schwanzspitze war gespickt mit vier spitzen, bis zu 60 Zentimeter langen Stacheln, zwei auf jeder Seite, mit denen er sich im Notfall verteidigen konnte.

Im Erdzeitalter des Jura waren bereits alle Dinosaurier warmblütige Tiere. Die überschüssige Wärme, die im Körper des Stegosaurus durch die Verdauung der pflanzlichen Nahrung entstand, leitete er über die Knochenplatten an die Umgebung ab. Er benutzte sie also zur Regulierung seiner Körpertemperatur, um nicht zu überhitzen.

Der Stegosaurus ernährte sich von bodennahen Pflanzen wie Moosen, Blumen, Farnen und Früchten, da er die Äste von Bäumen nicht erreichen konnte. Weil seine Zähne und sein Kiefer nicht gut zum Kauen geeignet waren, nahm er sogenannte Gastrolithen auf – das sind Steine, die durch die Darmbewegung helfen, die Nahrung zu zerkleinern.

Es wird vermutet, dass die Knochenplatten von einem dichten Netz von Äderchen überzogen waren, wodurch sie deutlich rot gefärbt waren.

ZUM VERGLEICH

• 4 m hoch • 9 m lang • 20.000 kg	• 3 m hoch • 5 m lang • 4.000 kg

Ornitholestes

„Vogelräuber"

Dieser leichte, flinke und sehr geschickte Räuber war nur etwa 2 Meter lang. Er hatte einen schlanken Hals, kräftige Hinterbeine, kleine Arme und einen langen Schwanz zum Balancieren. Seine Beute bestand aus kleinen Reptilien und den Vorfahren heutiger Vögel. Er hatte ein ausgezeichnetes Sehvermögen und verschlang seine Beute meist im Ganzen.

Der Anpacker

Seine Hände waren so aufgebaut, dass er sie wie wir Menschen zum Greifen benutzen konnte.

Im Vergleich zu anderen Vertretern seiner Gattung hatte der Ornitholestes einen recht massigen Kopf mit eher kurzem Kiefer und starken Zähnen. Diese Robustheit deutet darauf hin, dass er über enorme Beißkraft verfügte.

Ein in Bayern gefundenes Fossil wies in der Magengegend Reste einer kleinen Echse namens Bavarisaurus auf – ein seltener Glücksumstand, der direkte Hinweise auf die Nahrung des Ornitholestes lieferte.

Der Körper des Ornitholestes ähnelt ein wenig dem des Coelophysis (Seite 16 bis 17), doch sein Schädel war viel besser an die Jagd angepasst. Seine Schnauze war größer und die Zähne zahlreicher. Zudem fielen seine Arme und Hände länger aus, wodurch er es auch mit größeren Beutetieren aufnehmen konnte.

ZUM VERGLEICH

• 90 cm hoch • 2 m lang • 11 kg	• 1,70 m hoch • 70 kg

Iguanodon

„Leguanzahn"

Der Iguanodon gilt als der erste zweifelsfrei bestimmte Dinosaurier. Bereits im Jahre 1822 wurden einzelne Gebissteile entdeckt und beschrieben. Seinen Namen erhielt er wegen seiner Zähne, die denen der Leguane ähneln, nur viel größer sind. Da zahlreiche Funde gleich mehrere Exemplare aufwiesen, geht man davon aus, dass er in Herden lebte.

Der Fingerfertige

Der Iguanodon konnte sowohl auf vier als auch auf zwei Beinen laufen. Dazu nutzte er an den Vorderfüßen nur die mittleren Zehen – die seitlichen mit ihren scharfen Sporen dienten der Verteidigung gegen Angreifer.

Die verschiedenen Unterarten des Iguanodon waren auch unterschiedlich groß: So maß der in Italien entdeckte „Iguanodon fittoni“ etwa 6 Meter Länge, der in Belgien entdeckte „Iguanodon bernissartensis“ sogar bis zu 13 Meter.

Um die Abnutzung seines markanten Hornschnabels auszugleichen, wuchs dieser ein Leben lang weiter. Das war nötig, da er sonst irgendwann keine Nahrung mehr hätte aufnehmen können. Er muss zu den häufigsten Dinosauriern seiner Zeit gehört haben, denn Iguanodon-Fossilien wurden über ganz Europa verstreut gefunden.

ZUM VERGLEICH

Iguanodon	Haus
• 2,7 m hoch • 6–13 m lang • 4.000 kg	• 3 m hoch

Amargasaurus

„Amarga-Echse"

Der Amargasaurus war ein besonderer Sauropode mit einem sehr auffälligen Merkmal: Den Rücken des etwa 10 Meter langen, 4 Meter großen und bis zu 8 Tonnen schweren Dinos zierte eine Doppelreihe hoher Dornfortsätze. Für einen Sauropoden war er übrigens vergleichsweise klein und sein Hals recht kurz.

Er wurde in der Nähe des Wadi La Amarga in der argentinischen Provinz Neuquén entdeckt.

Dinosaurier mit Segeln

Die stachelförmigen Dornfortsätze des Amargasaurus waren wahrscheinlich von stark durchbluteter Haut überzogen und standen, ähnlich wie beim Spinosaurus, einem Segel gleich auf dem Rücken. Es ist wahrscheinlich, dass dieses Segel der Regulierung der Körpertemperatur und der Kommunikation mit Artgenossen diente.

Der Fund des Amargasaurus sorgte für große Begeisterung, denn obwohl bisher nur ein einziges Fossil bekannt ist, handelt es sich dabei immerhin um ein nahezu vollständig erhaltenes Skelett. Das ist nicht nur äußerst selten, sondern auch sehr praktisch, um den Dino zu erforschen und zu rekonstruieren.

Psittacosaurus

„Papageienechse"

Der Psittacosaurus gehörte zur Gruppe der Ceratopsier, die durch einen hakenförmigen Schnabel und Hörner am Kopf gekennzeichnet waren. Im Gegensatz zu den anderen Vertretern dieser Gruppe lief er auf zwei Beinen und hatte seitlich abstehende Hörner. Er war sehr leicht und in etwa so groß wie eine Gazelle. Sein markanter Schnabel war selbstschärfend.
Er lebte vor etwa 130 bis 100 Millionen Jahren.

Der Undercover-Dino

Eine Besonderheit des Psittacosaurus ist, dass wir relativ sicher wissen, wie er tatsächlich einmal aussah, denn ein in China gefundenes Exemplar war so gut erhalten, dass man sogar Hautzellen mit Melanin nachweisen konnte. Dieser Stoff spielt eine Rolle bei der Pigmentierung, somit gilt es als gesichert, dass der Psittacosaurus am Bauch heller war als am Rest des Körpers. Die Färbung half ihm, sich besser in seinem Lebensraum verstecken zu können.

Ceratopsier, was „Horngesichter" bedeutet, waren eine Gruppe pflanzenfressender Dinosaurier, die während der Kreidezeit das heutige Asien und Nordamerika bevölkerten. Sie waren die einzige Dinosaurierfamilie mit jenem so markant zugespitzten Schnabel.

Borsten statt Schuppen

Die Haut der in China entdeckten Exemplare war nicht von Schuppen bedeckt. Dafür verfügten diese Dinos über auffällige lange Borsten oder urtümliche Federn auf der Rückseite ihres Schwanzes, die möglicherweise der Partnersuche dienten.

Baryonyx

„Schwere Klaue“

Der Baryonyx war ein Fleischfresser, der hervorragend auf zwei Beinen laufen konnte. Auch seine Arme waren sehr kräftig gebaut, was nur bedeuten kann, dass er auch viel Zeit auf vier Beinen verbrachte. Er hatte große, gebogene Krallen, die ihn zu einem gefürchteten Räuber machten. Mit 10 Meter Länge und einem Gewicht von etwa 1 Tonne war er eine furchteinflößende Erscheinung.

Die gezackten, scharfen Schneidekanten seiner Zähne deuten darauf hin, dass er sich vorwiegend von Fischen ernährte, die er dank seines kräftigen Kiefers mühelos packen und festhalten konnte.

ZUM VERGLEICH

- 3 m hoch
- 10 m lang
- 1.000 kg

- 1,70 m hoch
- 80 kg

Eine Besonderheit ist sein langer, starrer Hals, den er kaum biegen konnte. Sein Kopf stand deshalb in einem ungewöhnlichen Winkel am Körper. Mit 96 Zähnen hatte er auch doppelt so viele Zähne wie andere Vertreter seiner Familie. Er lebte in warmen, wasserreichen Regionen an Flüssen und Seen.

Pelecanimimus

„Pelikannachahmer"

Der Pelecanimimus war etwa 2 Meter lang. Er hatte einen Kehlsack ähnlich dem der Pelikane, was ihm auch zu seinem Namen verhalf. Man geht davon aus, dass er darin erbeutete Fische aufbewahrte. Viele Fossilien wurden in der Nähe eines früheren Sees gefunden, deshalb ist es naheliegend, dass er sich von Fischen ernährte.

Der Pelecanimimus wurde in der Fundstätte von Las Hoyas in der Nähe des spanischen Ortes Cuenca entdeckt. Es handelt sich um ein fast vollständiges Skelett in einem hervorragenden Erhaltungszustand. Untersuchungen ergaben, dass seine Kiefer mit etwa 220 kleinen Zähnen bestückt waren, was ihn deutlich von den anderen, meist zahnlosen Verwandten seiner Familie unterschied.

ZUM VERGLEICH

- 1 m hoch
- 2 m lang
- 40 kg

- 1,70 m hoch
- 80 kg

Hypsilophodon

„Hoher Rillenzahn"

Die ersten Knochenfunde eines Hypsilophodon im Jahr 1849 wurden fälschlicherweise dem Iguanodon zugeordnet. Erst 1870 erkannte man die Unterschiede: Im Gegensatz zu seinem Verwandten besaß der Hypsilophodon 28 scharfe, blattförmige Backenzähne und eine kräftige Kiefermuskulatur, was ihm das Zerkauen von Nahrung ermöglichte.

Der Sprinter

Schnelligkeit war seine einzige Waffe in Gefahrensituationen. Beim Anblick seiner langen, kräftigen Hinterbeine wird auch schnell klar, was für ein guter Läufer er gewesen sein muss. Er war in etwa so groß wie eine Antilope, wobei sein Kopf eher dem eines Schafes ähnelte.

Der Hypsilophodon verfügte über Backentaschen, in denen er Nahrung aufbewahren konnte. Er hatte vier Zehen an den Hinterbeinen und fünf Finger. Mit nur 20 bis 40 Kilogramm war er geradezu ein Fliegengewicht unter den Dinosauriern.

Wurden seine Zähne durchs viele Kauen irgendwann mal stumpf, fielen sie aus und neue, scharfe Zähne wuchsen nach.

Spinosaurus

„Dornechse“

Auf seinem Rücken befanden sich bis zu 2 Meter lange, starre Dornfortsätze, die durch eine Hautschicht verbunden ein auffälliges Rückensegel bildeten. Auch sonst geizte dieser Dino nicht mit Größe, schließlich erreichte er bis zu 14 Meter Länge und brachte bis zu 7 Tonnen auf die Waage.

Wozu das Rückensegel?

Über die Funktion des eindrucksvollen Segels wird nach wie vor gerätselt. Am wahrscheinlichsten ist, dass die große, Wind und Sonne ausgesetzte Hautfläche zur Regulierung der Körpertemperatur diente. Möglicherweise war sie aber auch bei der Partnersuche oder zur Stabilisierung beim schnellen Laufen nützlich.

ZUM VERGLEICH

- 4–7 m hoch
- 14 m lang
- 7.000 kg

- 3 m hoch
- 5 m lang
- 4.000 kg

Deinonychus

„Schreckliche Klaue"

Der Deinonychus wurde bis zu 4 Meter lang und etwa 1 Meter groß. Er hatte eine kräftige, schmale Schnauze, die mit 70 gebogenen, rasiermesserscharfen Zähnen für jeden Angreifer zur tödlichen Gefahr wurde. Womöglich war er sogar gefiedert, wie Fossilienfunde von Verwandten des Deinonychus es nahelegen.

Der Deinonychus war ein äußerst erfolgreicher Jäger. Er jagte in Gruppen und war wegen seiner Schnelligkeit nur schwer abzuschütteln. Sein langer Schwanz erlaubte es ihm, auch in brenzligen Situationen stets das Gleichgewicht zu halten.

ZUM VERGLEICH

Deinonychus	Mensch
• 90 cm hoch • 3–4 m lang • 70–100 kg	• 1,70 m hoch • 80 kg

Carcharodontosaurus

„Scharfzahnechse"

Der Carcharodontosaurus machte seinem Namen alle Ehre, denn mit seinen spitzen, mit Sägekante versehenen Zähnen riss er das Fleisch aus seiner Beute förmlich heraus. Er erreichte eine Länge von 10 Meter und ein Gewicht von bis zu 15 Tonnen. Trotz seiner Größe war er bis zu 30 Kilometer pro Stunde schnell, doch schon ein Stolperer konnte für ihn schlimme Folgen haben, denn mit seinen kurzen Armen war es ihm unmöglich, einen Sturz selbst abzufangen.

Tragisches Schicksal

Als die einzigen Fossilien eines Carcharodontosaurus bei einem Bombenangriff im Zweiten Weltkrieg zerstört wurden, ging uns ein wichtiges Fenster in die Vergangenheit verloren.

Giganotosaurus

„Riesenechse des Südens"

Im Gegensatz zum Tyrannosaurus jagte der Giganotosaurus in Gruppen. Seine Beute waren Sauropoden wie der Saltasaurus. Obwohl er mit 15 Meter Länge enorm groß war, wog er dank seines leichten Knochenbaus vergleichsweise wenig und konnte entsprechend schnell laufen.

Lange Zeit glaubte man, dass Dinosaurier ausschließlich kaltblütige Tiere waren. Manche Arten, wie der Giganotosaurus, könnten jedoch womöglich warmblütig gewesen sein, was ihnen einen aktiveren Lebensstil ermöglicht hätte.

ZUM VERGLEICH

• 4 m hoch • 15 m lang • 4.000 –8.000 kg	• 3 m hoch

Parasaurolophus

„Vertrauter der Kammechse"

Der Parasaurolophus mit seinem Entenschnabel war einer der seltsamsten Dinosaurier. Er hatte einen großen, röhrenförmigen Kamm auf dem Kopf, der mit der Nase verbunden war und weit nach hinten ragte. Von der Spitze bis zur Nase konnte er 2 Meter messen. Dieser Dino lief sowohl auf zwei als auch auf vier Beinen. Bei der Nahrungssuche bevorzugte er alle vier Beine, beim Laufen hingegen nutzte er seine kräftigen Hinterbeine.

Wofür war sein Kamm gut?

Vermutlich konnte der Parasaurolophus durch seinen hohlen Kamm wie bei einer Posaune Töne ausstoßen, die ihm zur Verständigung mit Artgenossen dienten. Schließlich lebte er in Herden, da musste man sich wiedererkennen können. Zudem war der Kamm unter Wasser hilfreich, um wie mit einem Schnorchel atmen zu können.

Die Vorderfüße des Parasaurolophus waren geformt wie Paddel und sein kräftiger Schwanz war leicht abgeflacht, deshalb ist anzunehmen, dass dieser Dino ein guter Schwimmer, wenn nicht sogar ein guter Taucher, war.

ZUM VERGLEICH

• 5 m hoch • 10 m lang • 3.500 kg	• 3 m hoch

Lambeosaurus

„Lambes Echse“

Der Lambeosaurus besaß eine derbe Haut aus unzähligen Schuppen, die sich wie ein Mosaik zusammenfügten. Er lief normalerweise auf vier Beinen, doch zum Rennen benutzte er nur seine kräftigen Hinterbeine. Dank seines guten Seh- und Hörvermögens entging ihm keine Gefahr. Er wurde bis zu 7 Meter lang und war mit einem ähnlich auffälligen Kamm geschmückt wie der Parasaurolophus.

Er war der größte Vertreter der Gruppe der Hadrosaurier. Mit seinem scharfen Schnabel biss er seine Nahrung ab und zerkaute sie mit über hundert, in mehreren Reihen stehenden Zähnen. War mal eine Zahnreihe vom Kauen stumpf geworden, fiel sie einfach aus und eine neue wuchs nach.

Ein unverwechselbarer Kamm

Das auffälligste Merkmal des Lambeosaurus war der abstehende Kamm in Form einer Axt. Sehr wahrscheinlich diente er als individuelles Erkennungsmerkmal und konnte sogar wie beim Parasaurolophus zum Erzeugen von Tönen genutzt werden.

Hadrosaurus

„Robuste Echse"

Gleich eine ganze Gattung von Dinosauriern ist nach diesem Dino benannt – nämlich die Hadrosaurier, die während der Kreidezeit auf dem gesamten damaligen Kontinent Laurasia verbreitet waren. Er war ein mittelgroßer Pflanzenfresser mit einem Kamm und einer Schnauze, die einem Entenschnabel ähnelte. Zudem besaß er Zähne zum Zerkauen von Nahrung.

Der Kamm

Von den zwei beschriebenen Hauptgattungen der Hadrosaurier besaßen einige einen hohlen Kamm, andere nicht. Dieser Kamm diente wahrscheinlich der Wiedererkennung einzelner Individuen und der Kommunikation.

ZUM VERGLEICH

Hadrosaurus	Elefant
• 3 m hoch	• 3 m hoch
• 7 m lang	• 5 m lang
• 7.000 kg	• 4.000 kg

Hadrosaurier nennt man auch Entenschnabeldinosaurier.

Maiasaura

„Gute-Mutter-Echse"

Der Maiasaura erhielt seinen Namen durch die besondere Fundsituation: Seine Fossilien lagen neben Nestern mit Eierschalen, frisch geschlüpften Nestlingen und Nahrungsresten. Er gilt als der erste große Dinosaurier, der Brutpflege betrieb. Frisch geschlüpft waren Maiasaura nur etwa 50 Zentimeter groß und noch zu schwach zum Laufen. Doch sie wuchsen schnell: Schon nach einem Monat waren sie 1 Meter lang und nach 2 Jahren bereits 3 Meter. Es wird vermutet, dass sie warmblütige Tiere waren, was ihr schnelles Wachstum erklären würde.

Das Weibchen legte etwa 18 bis 30 Eier in ein selbst gegrabenes Nest am Boden. Anschließend bedeckte es die Eier mit Blättern und begann zu brüten. Wenn die Jungtiere schlüpften, blieben sie etwa zwei Monate lang in der Obhut ihrer Eltern, die sie mit Pflanzen und Samen fütterten und beschützten. Ab einer Größe von etwa 1,5 Meter verließen die Jungen ihr Nest und schlossen sich ihrer Herde an.

Der Dino-Astronaut

Im Jahr 1995 wurde ein Maiasaura-Fossil ins All geschickt und kehrte unversehrt zur Erde zurück. Dieses Stück kann man heute im Carnegie-Museum of National History in Pittsburgh (USA) bewundern.

Corythosaurus

„Helm-Echse"

Das auffälligste Merkmal des Corythosaurus war sein hoher, schmaler Knochenkamm, den er stolz zur Schau trug wie ein griechischer Krieger seinen Helm. Höchst wahrscheinlich war der Kamm farbenfroh gemustert und diente als individuelles Erkennungsmerkmal. Zudem war er von vielen Luftkanälen durchzogen, wodurch der Dino Töne erzeugen könnte. Es ist auch bestätigt, dass Weibchen und Jungtiere einen kleineren Kamm besaßen als Männchen.

Ein Fetzen Haut

Das erste Corythosaurus-Fossil wurde im Jahr 1912 in Kanada entdeckt. Es ist von herausragender Bedeutung, da sich ein Stück versteinerte Haut daran befand – was höchst selten ist. In unmittelbarer Nähe wurden auch Fossilien anderer Hadrosaurier gefunden: des Parasaurolophus, des Lambeosaurus oder des Gryposaurus. Dies deutet darauf hin, dass er möglicherweise mit anderen Arten in Herden zusammenlebte.

Leider ging das erste Corythosaurus-Fossil schon bald nach seiner Entdeckung verloren: Während des Ersten Weltkriegs wurde das Schiff, mit dem es nach England transportiert werden sollte, von einem Torpedo versenkt. Noch heute schlummern die Dino-Knochen auf dem Grund des Atlantiks und warten darauf, wiederentdeckt zu werden.

Mit einer Länge von immerhin 9 Meter und einem Gewicht bis zu 5 Tonnen zählte der Corythosaurus wahrlich nicht zu den kleinen Dinos.

Pentaceratops

„Fünfhorn-Gesicht"

Er existierte schon einige Millionen Jahre vor dem Triceratops und war mit 8 Meter Länge, 4 Meter Höhe und 5 Tonnen Gewicht ebenso groß wie dieser. Als der erste Schädel gefunden wurde, dachte man noch, er besäße zwei Hörner auf der Stirn, zwei auf der Nase und zwei an den Seiten. Erst später stellte sich heraus, dass die seitlichen Hörner eigentlich eine Verlängerung der Wangenknochen waren.

Der Rekordhalter

Wie der Torosaurus besaß auch der Pentaceratops ein riesiges knöchernes Nackenschild mit spitzen Hörnern an den Rändern. Bis heute hält er den Rekord für das landbewohnende Tier mit dem längsten Schädel – dicht gefolgt vom Torosaurus.

Diese Dinos hatten ein schnabelähnliches, riesiges Maul, mit dem sie die zarten, saftigen Blätter von den Ästen der Pflanzen abstreifen konnten.

Troodon

„Wundenreißender Zahn“

Zwar ist es unmöglich, die Intelligenz der Dinosaurier zu bestimmen, doch man kann Rückschlüsse von ihrer Körpergröße auf die Größe ihres Gehirns ziehen. Der 2 Meter lange und 50 Kilogramm schwere Raubdinosaurier Troodon hatte ein vergleichsweise großes Hirn mit einem wahrscheinlich guten Gedächtnis, was es ihm ermöglichte, aus Fehlern zu lernen.

Aufgrund eines Troodon-Fossils wissen wir auch, wie Dinosaurier schliefen: nämlich ähnlich wie Vögel, den Kopf unter den Arm geklemmt. Auf diese Weise konnten sie nachts ihren Kopf warm halten.

Räumliches Sehen

Das Gehirn des Troodon war so hoch entwickelt, dass er sogar wie wir Menschen räumlich sehen konnte. Die meisten Dinosaurier waren hingegen nicht in der Lage zu erkennen, ob ein Objekt weit entfernt oder ob es einfach nur klein war.

ZUM VERGLEICH

- 90 cm hoch
- 2 m lang
- 50 kg

- 50 cm hoch
- 25 kg

Carnotaurus

„Fleischfressender Stier"

Er war mit 8 Meter Länge, einer Höhe von 3,5 Meter und einem Gewicht von 1,5 Tonnen ein mittelgroßer Vertreter seiner Familie. Angesichts seiner spitzen Hörner hat er sich einen festen Platz in der Riege der bekanntesten Dinos gesichert. Dank eines versteinerten Hautabdrucks wissen wir, dass seine Haut mit bis zu 5 Zentimeter großen Schuppen besetzt war.

Der Schädel des Carnotaurus hatte an den Seiten Vertiefungen, die Gewicht sparen sollten, denn sein Kopf war schwer – immerhin war er mehr als einen halben Meter lang. Dank seines massigen Knochenbaus konnte er sich mit ganzer Kraft auf Beute stürzen, ohne Verletzungen befürchten zu müssen. Seine kleinen Hörner waren ihm bei der Jagd jedoch wohl keine große Hilfe.

ZUM VERGLEICH

- 3,5 m hoch
- 8 m lang
- 1.500 kg

- 3 m hoch

Styracosaurus

„Stachelechse"

Dieser 6 Meter lange und 3 Tonnen schwere Dinosaurier ist dank seines horngesäumten Nackenschildes einer der markantesten Dinos überhaupt. Doch die Hörner täuschen: Der Styracosaurus war längst nicht der furchtlose Kämpfer, für den er sich gab, denn die Stacheln konnten leicht abbrechen. Offenbar dienten sie viel eher der Abschreckung als dem eigentlichen Kampf.

Der Styracosaurus mit seinen spitzen Hörnern war ein wirklich außergewöhnlicher Dinosaurier. Bei seinem furchteinflößenden Anblick überlegte es sich jeder Angreifer zweimal, ob er sich auf einen Kampf einlassen und womöglich schlimme Verletzungen riskieren wollte.

ZUM VERGLEICH

Styracosaurus	Mensch
• 1,80 m hoch • 6 m lang • 3.000 kg	• 1,70 m hoch • 80 kg

Das Nackenschild bestand aus miteinander fest verwachsenen Knochen. Die langen Stacheln waren weit nach hinten gerichtet.

Das große Nasenhorn war zweifelsohne eine eindrucksvolle Waffe. Doch es diente in erster Linie dem Imponiergehabe, um mögliche Rivalen in Schach zu halten.

Oviraptor

„Eierdieb"

Im Jahr 1924 entdeckte der Paläontologe Roy Chapman Andrews in der Mongolei ein Fossil, das Eier aus einem Nest zu stehlen schien. Aber Chapman hatte sich geirrt: Das Tier, dessen Fossil er gefunden hatte, war kein Dieb, sondern brütete wie ein Huhn seine eigenen Eier aus. Dieser straußenartige Dinosaurier war etwa 2 Meter lang und wog um die 40 Kilogramm.

Kamm oder Federn?

Der Oviraptor hatte nicht nur einen auffälligen Kamm, sondern höchst wahrscheinlich auch noch Federn an Beinen und Schwanz. Er gilt deshalb als vogelähnlichster Nicht-Vogel-Dinosaurier.

Sein Schnabel war relativ kurz und kräftig und sein Maul zahnlos. Er besaß drei lange Zehen, an deren Enden sich scharfe Krallen befanden.

Der Schädel des Oviraptor hatte zahlreiche Hohlräume und war geschmückt mit einem großen hornartigen Kamm.

ZUM VERGLEICH

Oviraptor	Mensch
• 1,50 m hoch • 2 m lang • 40 kg	• 1,70 m hoch • 80 kg

Velociraptor

„Schneller Räuber"

Der Velociraptor ist der bekannteste Vertreter der Gattung der Dromaeosaurier. Er war ungefähr so groß wie ein Kind und wog etwa 20 Kilogramm. Fast die Hälfte seiner Körperlänge entfiel auf den Schwanz. Im Körperbau ähnelte er einem Huhn mit Fasanenschwanz. Mit seinen schrecklichen, langen Klauen konnte er seine Beute förmlich zerreißen.

Die Velociraptoren im Film „Jurassic Park“ waren viel größer als in Wirklichkeit, um auf die Zuschauer eindrucksvoller zu wirken. Dadurch ähneln sie eher dem Deinonychus, der beinahe wie ein Velociraptor aussah, nur deutlich größer war. Dessen Entdeckung führte übrigens zu der Erkenntnis, dass Dinosaurier auch warmblütige Tiere sein konnten.

ZUM VERGLEICH

Velociraptor	Mensch
• 1 m hoch • 2 m lang • 20 kg	• 1,70 m hoch • 80 kg

Pachycephalosaurus

„Dickköpfige Echse"

Der Pachycephalosaurus war fast 5 Meter lang und wog 500 Kilogramm. Sein markantestes Merkmal war das kuppelartig gewölbte Schädeldach aus Knochen, das bis zu 25 Zentimeter dick sein konnte – also doppelt so stark wie zwei Ziegelsteine! All unser Wissen über diesen Dinosaurier stammt ausschließlich von einem einzigen Schädel und ein paar Schädeldächern, die alle in den USA gefunden wurden.

ZUM VERGLEICH

- 1,5 m hoch
- 4,5 m lang
- 500 kg

- 1,70 m hoch
- 80 kg

Es ist noch ungeklärt, ob er ein Pflanzen- oder Fleischfresser war, doch die Form seiner Zähne lässt eher auf einen Pflanzenfresser schließen.

So ein Dickschädel!

Möglicherweise diente der auffällige Schädel des Pachycephalosaurus in erster Linie der Partnersuche oder der Abschreckung von Rivalen. Neueste Untersuchungen gehen nämlich davon aus, dass der Schädel trotz seiner dicken Decke insgesamt wohl nicht stabil genug für rabiate Kopf-gegen-Kopf-Kämpfe war.

Ornithomimus

„Vogelnachahmer"

Der Ornithomimus sah dem heutigen Afrikanischen Strauß nicht unähnlich. Er lebte in sumpfigen Gebieten und war vermutlich ein Fleischfresser. Auf seiner Speisekarte könnten kleine Reptilien, wirbellose Tiere, aber auch Eier anderer Dinosaurier gestanden haben, die er mit seinen scharfen Krallen öffnete. Er konnte 2 Meter groß werden und ein Gewicht von 150 Kilogramm erreichen.

War er gefiedert?

Es gilt als gesichert, dass er Federn besaß, die in ähnlicher Form noch heute beim Afrikanischen Strauß und bei Greifvögeln vorkommen.

ZUM VERGLEICH

• 2 m hoch • 4,5 m lang • 150 kg	• 1,70 m hoch • 80 kg

Der Ornithomimus bevölkerte Gebiete im heutigen Asien und Nordamerika. Er hat noch viel mehr Ähnlichkeit mit Vögeln, als es auf den ersten Blick scheint: Beispielsweise waren seine Knochen hohl und sehr leicht, der Kopf im Vergleich zum Körper eher klein und die Augen vergleichsweise groß.

Gallimimus

„Huhn-Nachahmer"

Der Gallimimus wurde im Jahr 1970 entdeckt. Er war bis zu 6 Meter lang und 2 Meter groß, wog aber kaum mehr als 200 Kilogramm, denn seine Knochen waren hohl wie die von Vögeln. Sein geringes Gewicht war sehr praktisch, denn sein Lebensraum war heiß und trocken, weshalb er bei der Nahrungssuche lange Wege zurücklegen musste.

Der Schnabel des Gallimimus weist einige Ähnlichkeit mit jenem von Löffelenten oder Flamingos auf, was Rückschlüsse auf seine Ernährungsweise zulässt: Offenbar filtrierte er wie diese Kleinstlebewesen aus dem Wasser. Möglicherweise war er aber auch ein Allesfresser, der sich ebenso von Pflanzen ernährte.

Der Sprinter

Vieles spricht dafür, dass der Gallimimus ein schneller Läufer war, der mit Geschwindigkeiten bis zu 60 Kilometer pro Stunde durch seinen Lebensraum in der heutigen Wüste Gobi rannte.

Utahraptor

„Räuber von Utah"

Der größte Vertreter der mit Vögeln verwandten Dromaeosaurier war ein scheußlicher Anblick. Er war bis zu 6 Meter lang, 500 Kilogramm schwer und lebte vor 120 Millionen Jahren unter anderem auf dem Gebiet des heutigen Utah (USA). Wie alle Raubsaurier besaß er messerscharfe Zähne und spitze Sichelkrallen. Da er in Rudeln jagte, konnte er auch deutlich größere Beutetiere erlegen.

Dromaeosaurier

Diese gemeinhin als Raptoren bezeichneten Dinosaurier tragen eigentlich den wissenschaftlichen Namen Dromaeosaurier, was Laufechsen bedeutet. Ab dem Jura waren diese Räuber sehr weit verbreitet, wie Funde in Nordamerika, Europa, Japan, China, der Mongolei sowie Madagaskar und Nordafrika belegen.

Zwar wurden bei keinem Utahraptor-Fossil Federn gefunden, trotzdem gilt es als sicher, dass er wie alle seine Verwandten ebenfalls gefiedert war. Die Gattung der Dromaeosaurier existierte bis zum Untergang der Dinosaurier und hatte ihre Blüte in der Kreidezeit.

Tyrannosaurus

„König der Echsen"

Der Tyrannosaurus ist der mit Abstand bekannteste zweibeinige Dinosaurier. Diese zur Gruppe der Theropoden zählende Art bevölkerte in der späten Kreidezeit Gebiete des heutigen Asien und Nordamerika. Er zählt mit 12 Meter Länge und 7 Tonnen Gewicht zu den größten Landraubtieren aller Zeiten und bot mit seinem riesigen Schädel, dem kraftvollem Kiefer und den rasiermesserscharfen Zähnen einen furchterregenden Anblick. Zudem hatte er äußerst muskulöse Hinterbeine, dank derer er weite Strecken laufen konnte.

Es ist noch strittig, ob er eher Jäger oder Aasfresser war. Dass er lebendigen Dinosauriern nachstellte, ist jedoch sicher, wie ein Fossil eines Triceratops beweist. In dessen Schwanz steckte der abgebrochene Zahn eines Tyrannosaurus, um den herum der Knochen weitergewachsen war, was bedeutet, dass der Triceratops entkommen konnte.

- Der größte jemals gefundene Dinosaurierzahn war von der Wurzel bis zur Spitze 30 Zentimeter lang.
- Der Tyrannosaurus hatte extrem kurze, aber enorm kräftige Arme, mit denen er wohl seine Beute festhielt.

Oh Schreck!

Der Furcht einflößende Schädel des Tyrannosaurus war über 1 Meter lang! Wenn einer seiner vielen Zähne abbrach, wuchs er einfach nach. Zudem waren viele seiner Knochen hohl und äußerst fest, sodass der Tyrannosaurus trotz seiner Größe recht agil war.

ZUM VERGLEICH

Tyrannosaurus	Elefant
• 4–6 m hoch • 12m lang • 7.000 kg	• 3 m hoch • 5 m lang • 4.000 kg

Triceratops

„Dreihorngesicht"

Zwar wurde vom Triceratops bisher noch kein vollständiges Skelett gefunden, dennoch ist er aufgrund der Vielzahl unterschiedlicher Fossilienfunde ein vergleichsweise gut untersuchter Dinosaurier. Mit 9 Meter Länge und bis zu 9 Tonnen Gewicht war er so groß wie zwei Mammuts und auch sein Schädel war riesig – immerhin bis zu 3 Meter! Er lebte wie Büffel in großen Herden.

Wofür waren die Hörner gut?

Der Triceratops hatte zwei 1,5 Meter lange Hörner auf der Stirn und ein kleineres auf der Nase. Vermutlich nutzte er sie, um Feinde abzuwehren, um bei der Partnersuche zu imponieren oder um Rivalen zu vertreiben.

Viele Triceratops-Fossilien sind von Spuren harter Kämpfe gezeichnet. Das ist auch kein Wunder, denn für seine Fressfeinde waren diese Fleischberge eine verlockende Beute. Allein die Schädel blieben stets unversehrt, denn mit den Hörnern wollte es kaum ein Angreifer aufnehmen.

Als er im Jahre 1887 entdeckt wurde, hielten Paläontologen den Triceratops zunächst für eine unbekannte Büffelart. Er war einer der letzten Dinosaurier und der häufigste Pflanzenfresser in der Kreidezeit.

Ankylosaurus

„Zähe Echse"

Der Ankylosaurus ist der Urahn aller vierbeinigen Dinosaurier mit Knochenplatten-Panzerung und knöcherner Schwanzkeule. Zudem war er mit 9 Meter Länge auch der größte Vertreter seiner Gattung.

ZUM VERGLEICH

- 1,70 m hoch
- 9 m lang
- 6.000 kg

- 1,70 m hoch
- 80 kg

Die Schädelknochen und einige Wirbel waren fest miteinander verwachsen, sodass sie eine äußerst widerstandsfähige Einheit bildeten. Die Oberseite des Schädels war mit kleinen Knochenplatten geschützt und besaß vier abstehende, spitze Hörner.

Der Ankylosaurus war schwer und behäbig, deshalb gehörte das Kämpfen nicht zu seinen Stärken. Lieber duckte er sich und vertraute auf seine Panzerung. Dennoch konnte er Angreifern mit seiner Schwanzkeule gefährlich werden und ihnen schlimme Verletzungen zufügen.

Thyreophora

So nennt sich die Familie, der dieser Dino angehört. Der Name kommt aus dem Griechischen und bedeutet Schildträger – eine ziemlich passende Zuschreibung für den Ankylosaurus, schließlich war seine Oberseite mit tellergroßen Knochenplatten gepanzert und mit langen Höckern besetzt.

Centrosaurus

„Scharfspitzenechse"

Der Centrosaurus hatte zwei markante, hakenförmige Hörner am Nackenschild und ein großes Horn auf der Nase. Der Knochen, der das Schild bildete, hatte zwei große Aussparungen, damit er nicht zu schwer wurde. Dieser Pflanzenfresser wurde bis zu 6 Meter lang und lebte höchst wahrscheinlich in Herden. Sein Verbreitungsgebiet umfasste das Gebiet des heutigen Nordamerika.

Das massive Nackenschild war länger als der Schädel selbst und trotz seiner beiden Aussparungen im Knochen so robust, dass es selbst Angriffen der größten Raubsaurier standhalten konnte.

ZUM VERGLEICH

- 1,80 m hoch
- 6 m lang
- 3.000 kg

- 1,70 m hoch
- 80 kg

Argentinosaurus

„Argentinische Echse"

Der Argentinosaurus war einer der größten Sauropoden aller Zeiten. Er konnte bis zu 30 Meter lang und unvorstellbare 70 Tonnen schwer werden. Allein sein Hals maß mehr als 8 Meter und war damit doppelt so lang wie der einer Giraffe. Seine massigen Beine ähnelten denen eines Elefanten und sein Herz musste riesig gewesen sein, um das Blut durch den ganzen Körper pumpen zu können.

Als Pflanzenfresser war ihm sein langer Hals von großem Nutzen, denn so konnte er sowohl die hoch gelegenen Blätter der Palmen und Araukarien erreichen, als auch den Boden nach Gräsern und Sträuchern absuchen.

Er lebte in der frühen Oberkreide, vor mehr als 93 Millionen Jahren, und war auf dem Gebiet des heutigen Südamerika verbreitet. Gigantische Sauropoden wie er waren in der Kreidezeit die anmutigen Herrscher des Planeten.

Das Schwergewicht

Ein Argentinosaurus wog so viel wie 30 Elefanten!

ZUM VERGLEICH

Argentinosaurus	Gebäude
• 16 m hoch • 30 m lang • 70.000 kg	• 13 m hoch